AF244891

MÉMOIRE

SUR LES DEMANDES

DE LA COLONIE

DE PONDICHÉRY.

PAR CHARLES MALLET (DE MAISONPRÉ),

DÉPUTÉ-SUPPLÉANT DE PONDICHÉRY,

Rue du Mail, hôtel de Portugal.

MÉMOIRE

SUR LES DEMANDES

DE LA COLONIE

DE PONDICHÉRY.

PAR CHARLES MALLET (DE MAISONPRÉ),

DÉPUTÉ-SUPPLÉANT DE PONDICHÉRY,

Rue du Mail, hôtel de Portugal.

Servir sa patrie, préférer l'intérêt général à l'intérêt particulier, voilà le premier devoir de tout François. Ce devoir sera mon excuse envers mes commettans, s'ils se plaignent que je n'aie pas entièrement secondé leurs vues. Je ne leur en suis pas moins dévoué.

Avant d'entrer en matière, je suis forcé de parler un peu de moi, de me faire connoître, pour inspirer quelque confiance.

Je fus envoyé dans l'Inde en 1753. J'y suis resté vingt ans de suite. J'ai été employé dans tous les genres, civilement, militairement, pendant toute la guerre, et je l'ai été dans les négociations. J'ai été inspecteur des possessions territoriales. Mes services ont été mis sous les yeux de S. M. Louis XVI, étant en son conseil, avec demande de confirmation d'ancienne noblesse,

A

appuyée de titres & d'un rapport favorable de M. Chérin, gé-
néalogiste des ordres du roi, et sur le rapport de M. Amelot
et de M. de Sartine, ministre de la marine, il m'a été accordé
des lettres de noblesse militaire.

La colonie de Pondichéry, dix-sept ans après l'avoir quittée,
et sans que depuis j'eusse entretenu aucune relation avec elle,
m'a nommé son député suppléant. Voilà les titres qui m'enhar-
dissent à faire connoître mon sentiment sur les demandes de cette
colonie.

L'assemblée nationale a décrété que la nation françoise re-
nonce à toutes conquêtes.

L'on dit que, par le dernier traité avec les Anglois, ceux-ci
s'obligent à favoriser notre commerce dans l'Inde, et que, de
notre côté, nous nous obligeons à ne point nous mêler des
intérêts politiques des princes Indiens, à ne leur fournir aucun
secours. Dans cette supposition, j'examinerai s'il convient ou
non de faire la dépense d'achever les fortifications de Pondichéry,
et de mettre cette place sur le pied de guerre.

Sur ce simple exposé, on est porté à dire *non*. Cependant après
la discussion, tout parle pour l'affirmative, mais avec l'économie
que nous indiquerons.

1°. Il est généralement reconnu que la France ne doit pas re-
noncer au commerce des Indes orientales. Je remettrai au comité
du commerce un mémoire qui fera connoître qu'il est facile de
faire des armemens pour l'Inde, qui donneroient, en 18 mois,
un bénéfice considérable, sans exporter de piastres, la cargaison
du départ ne consistant qu'en articles tirés des manufactures de
France.

Pour que ce commerce prospère, il faut pouvoir le faire sans
gêne de la part des Anglois, et sans craindre des avanies dans
les états des différens souverains. Il est donc nécessaire de jouir
de quelque considération dans le pays ; et le seul moyen, c'est
d'y avoir une place forte et bien entretenue.

Il ne faut pas se fier à la promesse des Anglois, de favoriser
notre commerce. Le passé doit nous faire craindre pour l'avenir.

En 1765, sous le gouvernement par *interim* de M. Boyelleau, on ne put se procurer aucune marchandise de la côte ; on ne put ramasser qu'une très-petite quantité de rebus à 40 pour 100 au-deſſus de leur valeur. On réclamoit vis-à-vis des Anglois inutilement. Avoient-ils sujet de se plaindre de nous ? Non ; mais ils étoient fâchés de notre reprise de possession : ils croyoient nous rebuter ; ils nous marquoien le plus grand mépris, parce que nous n'avions encore ni fortifications ni troupes.

2°. L'on regarde avec raison comme indispensable la conservation de l'Isle-de-France, et il n'eſt personne qui ne convienne que cette isle perdroit beaucoup de son importance, si Pondichéry n'étoit qu'un comptoir. Ces deux colonies ont besoin l'une de l'autre ; il convient de les mettre en état de défense. Mais si l'on a des vues de porter, dans la suite, la guerre dans l'Inde, en suposant que les Anglois nous y forcent, c'est à l'Isle-de-France qu'on doit, en attendant, tenir les forces principales : on en sera convaincu après la lecture de ce qui suit.

L'assemblée nationale doit se faire représenter, par les bureaux des ministres, les conventions secrettes, peut-être, entre les Anglois et les François, qui ont pu déterminer l'évacuation de Pondichéry. Quelles qu'elles soient, je présume qu'on se déterminera à faire achever les fortifications de Pondichéry, à y faire passer une garnison suffisante, pourvu qu'on soit assuré que les dépenses ne passeront pas la somme de cinq cents mille livres demandée ; que celles d'entretien seront modérées, et qu'on accuse le vrai produit du revenu annuel des colonies. Mais si l'assemblée nationale s'apperçoit du contraire, si les dépenses lui paroissent trop fortes, elle n'accordera peut-être rien.

Je présume que c'est principalement le trop de dépenses fixes, indépendamment des conventions qui ont pu être faites avec les Anglois, qui a déterminé le gouvernement à l'évacuation de Pondichéry : je servirai donc la nation et la colonie, en prenant un juſte milieu, c'est-à-dire en conseillant de réduire les 2600 soldats demandés, au nombre de 1000 ; de supprimer les 200 caffres, et de conserver les 1200 cypays ; (la garnison ainsi formée suffira pour une défense convenable, comme nous le prouverons bientôt par les citations même de M. Monneron, député de Pondichéry.) de supprimer encore des dépenses ou inutiles ou fausses ; de faire rentrer à la caisse nationale tout le produit des possessions.

G A R N I S O N.

800 Soldats.

200 Soldats d'artillerie.

1200 Cypays.

ETAT-MAJOR.	Un commandant général.	50,000 l.	62000 l.
	Un commandant en second.	12,000	
TROUPE EUROPÉENNE.	800 soldats, suivant l'estimation de la colonie.	204,904	476,266
	Deux compagnies d'artillerie, de cent hommes chaque, *idem*. . .	71,362	
	Subsistance de mille hommes, à 9 sols par jour, par an.	162,000	
	Journées d'hôpitaux, à raison du dixième, sur 1000 hommes ; fait 36,000 journées, à 10 fols par jour, sans retenue.	18,000	
	Fournitures diverses, faites aux troupes dans les quartiers, par an.	20,000	
TROUPE INDIENNE.	1200 Cypays, enfemble.	320,000	
CORPS-ROYAL DU GÉNIE.	Majorité et service de la France et des cafernes, nettoiement compris, 500 liv. par mois. Par an,	6000	367,600
	Cinq officiers, ensemble, chaque mois, logement compris, 18,00 liv. et par an.	21,600	
	Direction des travaux du génie, et atteliers. Par an	10,000	
	Direction des travaux de l'artillerie. Par an.	10,000	

905,866 l.

	De l'autre part.		905,

Administration civile.	Un commissaire général ordonnateur.	24,000	
	Un commissaire des colonies.	6000	
	Un contrôleur	6000	43,
	Un écrivain principal.	3000	
	Un garde-magasin général. . . .	2400	
	Un garde-magasin d'artillerie.	2000	

Hopital.	Douze employés, de diverses dénominations, et traitemens, etc. par mois, 1100 liv., et par an.	13,200	13,
	Appointemens des officiers de santé, du directeur, commis, et solde des serviteurs.	17,728	29,
	Fournitures diverses, à 1000 l. par mois.	12,000	

Justice et police.	Conseil supérieur, par mois, 812 l. 14 s. 3 d. ci. 812 l. 14 s. 3 d. Chauderie. . . . . 809 13 4 Police. 707 12 5	2330 l. par mois, et par an,	27,

Grande-Voierie et domaine.	Un grand-Voyer, par mois . . . . 300 l. Un écrivain Indien. . . 50 Quatre ouvriers. . . . 100	5400 liv. par an.	10,
	Dépenses extraordinaires, par an.	5050	
Monnoie.	Direction de la monnoie, et réparation de l'hôtel. . . . . . . par an. . .		3

Dépenses diverses.	Préfet apostolique, et clergé paroissial.	4800 liv.	
	Transports intérieurs et extérieurs.	2000	
	Dépenses fixes du port, le capitaine compris. 400 l. par mois, et par an.	4800	
	Solde des entretenus au service de la colonie.	20,000	49,0
	Dépenses fixes du Dorbar, par an.	4400	
	Frais de l'hôtel du gouvernement. Illumination, par an. . . .	10,000	
	Dépenses des prisons civiles et militaires, etc. par an.	1200	
	Loyer des maisons et magasins, par an.	2400	1,083

De l'autre part. . . . . 1,083,204 l.

Solde des vétérans 3000
Pensions et subsistances diverses 30,000
Demi-solde des officiers Indiens 2000

TRAVAUX DIVERS.
Fortifications et bâtimens civils . 20,000 l.
Travaux de l'artillerie 5000   27,000
Idem de la voyerie 2000

Depenses imprévues. . . . . par an.   12000

Total des dépenses de Pondichery. . . . . 1,157,204 l.

DÉPENSES DES COMPTOIRS.
Chandernagor et dépendances. . . 120,000 l.
Karikal. 24,000
Mahé 120,000
Yanaon. 6000
Masulipatan. 600   291,800
Calicut. 600
Moka. 600
Surate. 10,000
Canton. 10,000

Total général. . . . . 1,449,004 l.

MOTIFS de la réduction de divers articles.

Le commandant général est porté à 50,000 liv. au lieu de 62,000 liv. ; le commandant en second à 12,000 liv. au lieu de 11,000 liv. Je suis persuadé qu'on trouvera cette réduction convenable, et qu'on ne doit pas l'augmenter, parce que dans les villes asiatiques, les chefs sont obligés à plus de représentation.

La dépense des 800 soldats, et des deux compagnies d'artillerie, ainsi que celle de leur subsistance, est portée au même taux de l'état employé par la colonie.

Je suppose le même nombre de journées d'hôpitaux, c'est-à-dire à raison du dixième, et je les porte à 19 sols, dont 9 sols provenant de la subsistance ordinaire. Il n'est pas douteux qu'à l'hôpital de Pondichéry, 19 sols suffisent à un malade, auquel, le plus souvent, on ne donne qu'un peu de riz et de poisson ; nourriture ordinaire et la plus saine du pays. D'ailleurs, à Pondichéry, le climat contribue plus à la santé qu'il ne l'altère.

Les fournitures diverses, faites aux troupes, sont portées à 72,000 liv. par an. Je les réduis pour mille hommes, à 20,000 l. et j'avoue que j'ignore en quoi consistent de si grandes fournitures; mais je préviens qu'il y aura une somme en recette, excédant de près de 400,000 liv. celle des dépenses. On s'en servira pour ajouter aux articles que j'aurois trop diminués.

Il n'y a point de diminution dans la dépense des Cypays. L'article *majorité*, et *service de la France et des casernes* (*nétoyement compris*) est porté à 12000 liv. par an; je les réduis à moitié, parce que le nombre des soldats est réduit à plus de moitié. On auroit dû donner l'explication de ce qu'on entend par le service de la France.

Corps royal du génie, 21,600 liv. Point de réduction pour le moment; mais les fortifications finies, le corps du génie devient inutile; sa dépense et celle des travaux qu'on suppose en temps de paix, se montent à 148,000 liv. Il suffiroit d'avoir un ingénieur.

Direction des travaux de l'artillerie; par an, 14,000 liv. Je les réduis à 10,000 liv. Cette réduction est peut-être trop foible, parce que les affuts de canon, etc. ayant été racommodés, mis en état, et placés sur les remparts ou dans les magasins, leur entretien doit être peu de chose : on n'a d'autre occasion de s'en servir que pour les saluts et l'exercice : d'ailleurs les ouvriers nécessaires sont employés dans un article séparé.

Un commissaire ordonnateur, 30,000 liv. Je le réduis à 24,000 liv. Il aura peu de travail en temps de paix.

Au lieu de quatre commissaires des colonies à 6000 liv., je crois qu'un seul suffit. Cet article est réduit à 6000 liv. au lieu de 24,000 liv.

Un contrôleur. — Point de changement.

Deux écrivains ordinaires, à 2,400 liv. Un seul doit suffire.

Un garde - magasin. — Point de changement.

Dans l'état de la colonie, il n'est pas fait mention de trésorier. Je l'observe ici pour *mémoire*.

Vingt-quatre employés, etc. Il me semble qu'il ne peut y

avoir de travail pour un si grand nombre ; je les réduis à moi‑
tié, et la réduction est aussi de moitié.

Appointemens des officiers de santé, etc. 4000 liv. par mois,
48,000 liv. par an.

Je suppose un médecin. . . . . 4000 l.
Deux chirurgiens et l'apothicaire. . . . 9000
Un directeur. 4000
Un commis. . . . . 2000 } 32,728
Solde de douze serviteurs. 1728
Fournitures diverses. 12,000

Cette réduction me paroît juste, outre qu'il y a toujours eu
anciennement beaucoup d'abus en cette administration. Il faut se
souvenir que la garnison que je propose n'est que de 1000 hommes,
au lieu de 2600, et 200 caffres.

Conseil supérieur, chauderie et police.——Point de changement.
Grande-Voiierie et domaine.

J'ai fait voir en quoi doit consister cette dépense,
et je la réduis à . . . . 10,450 l.

Le travail du Grand-Voyer consiste à faire quelques visites,
à faire planter des arbres. Les rues et les chemins ont peu be‑
soin de réparations ; ils sont presque tous sablés naturellement ;
des charettes ne les gâtent point. C'étoit autrefois un conseiller
qui étoit Grand-Voyer, sans augmentation de paye, et cette
place étoit fort enviée.

A la fin de l'état de la colonie, présenté par M. Monneron,
on porte encore 30,000 liv. pour les travaux de la voyerie. Je
présume que c'est une erreur.

Les plantations en cocotiers et palmiers produisent à la voyerie
une certaine somme ; je n'en ai pas fait mention dans l'état de
recette. Ce produit serviroit à payer les dépenses extraordinaires
de la voyerie.

Direction de la monnoie, et réparation de l'hôtel, 6000 liv.

La direction de la monnoie ne donne aucune peine. C'est un
Brame qui fait tout. Si l'on bat beaucoup de roupies, le di‑
recteur et le brame ont du bénéfice, outre leurs appointemens.

Pour

Pour en donner une idée juste, je vais détailler l'opération.

En portant à la monnoie une quantité de piastres du poids de 1084 roupies $\frac{1}{2}$ $\frac{1}{32}$

On vous rend 1000 roupies ; on leve pour le droit du souverain, 10 roupies.

Pour les représentans d'Iman-saeb (1), qui a contribué à faire obtenir le droit de battre monnoie.   1

Pour le Brame qui tient les comptes, et veille. . . . .   1 $\frac{1}{3}$

Pour le courtier (2) de la com-pagnie. . . . . $\frac{1}{2}$

Pour ceux qui nétoient. . . . . $\frac{1}{7}$

Pour ceux qui battent. . . . . .   13 $\frac{1}{4}$

Pour ceux qui mettent l'em-preinte. . . . . $\frac{1}{8}$

Perte réelle. , ...   57 $\frac{1}{4}$ $\frac{1}{32}$

Ces sept articles, avec les 1000 roup. que l'on rend, font . . . . 1084 roupies $\frac{1}{2}$ $\frac{1}{32}$

C'est sur les six derniers articles qu'il y a du bénéfice.

J'estime qu'au lieu de 6000 liv. pour la direction de la mon-noie, 3000 liv. suffisent. Autrefois, c'étoit toujours un conseiller qui étoit directeur, sans augmentation d'appointemens, et l'on disoit que cette commission valoit 10 à 12,000 liv. ; mais alors on fabriquoit beaucoup de roupies.

On a joint les réparations de l'hôtel à la direction ; mais cet hôtel est couvert en argamasse ou plafond. Ces sortes de bâti-mens n'ont pas besoin de réparation, si ce n'est quelquefois de raccommoder un peu le dessus du plafond.

Préfet apostolique, et clergé. — Point de changement.

____

(2) Il n'y a plus de représentans.

(3) Ce courtier n'existera plus, et il n'a jamais eu de rapport avec le monnoie.

Transports intérieurs et extérieurs, 12000 liv. **Comme** l'état de dépenses dont il s'agit n'est que pour un temps de paix, je ne vois pas le besoin de tous ces transports. S'il en falloit faire quelques-uns, on pourroit y employer les soldats. J'ai réduit cet article à 2000 liv.

Dépenses fixes du port, le capitaine compris; par mois, 400 l. et par an, 4800 liv. — Point de changement.

Solde des entretenus au service général de la colonie, 1400 liv. par mois; et par an, 16,800 liv.

J'ai porté cet article à 20,000 liv. L'augmentation de 3,200 l. sera donnée en appointement à un trésorier, oublié dans l'état de la colonie.

Dépenses fixes du Dorbar, 4200 livres; par mois; par an; 50,400 liv.

Suivant ce qui a été dit plus haut, nous ne devons nous mêler des affaires politiques d'aucuns princes du pays, jusqu'à ce que les Anglois nous aient déclaré la guerre. Ainsi ce n'eſt que pour favoriser le commerce que le gouverneur pourroit être dans le cas d'écrire à un chef.

Il suffit d'entretenir un écrivain Persan à 2400 liv. par an, un écrivain en d'autres langues, à 2000 liv.; ce qui fait 4,400 l. au lieu de 50,400 liv. Je suis persuadé que M. Law, ancien gouverneur, en conviendroit. Il n'y aura aucune occasion de recevoir ou d'envoyer de négociateur auprès d'aucun prince. Tipou est le seul qui puisse nous être de quelque utilité; mais il suffira de recommander que nos négocians soient favorisés.

Je déclare que je suis bien loin d'avoir intention d'inculper qui que ce soit; que je n'ai eu de plus aucune relation dans l'Inde depuis 1772; que j'en suis parti pour venir en France; que j'ignore entierement la manière dont les dépenses ont été dirigées de 1785 à 1789, d'après lesquelles on présente un état, pour servir de regle à l'avenir. Mon unique intention est de concourir à indiquer les moyens de réduire ces dépenses à ce qu'elles doivent être toujours en temps de paix, et je parle d'après les connoissances que j'ai acquises sur les lieux.

Frais de l'hôtel du gouvernement, 14,400 liv. par an ; je les propose à 10,000 liv. et c'est bien assez.

Dépenses des prisons civiles et militaires ; soldes et subsistances des prisonniers ; par an , 3000 liv.

Il est bien rare qu'on mette un habitant de Pondichéry en prison ; si l'on y met des soldats, il me semble qu'on devroit les nourrir avec leur subsistance ordinaire : ainsi , au lieu de 3000 liv., je réduis à 300 liv.

Loyer des maisons, magasin et cheling, 4000 liv. par mois, et par an, 48000 liv.

Il doit y avoir assez de bâtimens et magasins appartenans au gouvernement, sans qu'il soit besoin d'en louer, sur-tout lorsque la garnison sera réduite à 1000 soldats. A l'égard des chelings , ou petits canots du pays, le gouvernement en aura peu besoin. Les marins européens ou indiens, qui s'en serviront, paieront les macouas (marins de la côte) qu'ils emploieront. Je réduis les 48000 liv. à 3000 liv.

Solde des vétérans, 1000 liv. par mois; par an , 12000 liv. La garnison étant diminuée, il y en aura moins ; 4000 liv. doivent suffire.

Pensions et subsistances diverses, 36,000 liv. Ici, nous ne retrancherons rien , nous avons même indiqué un moyen d'augmentation sur l'excédent du revenu.

Demi-solde des officiers indiens , 6000 liv.

Je ne connois pas cette dépense , quoique j'aie commandé beaucoup de cypays, à moins que, par un nouvel usage que je ne blâmerois pas, on ne fît une petite pension à quelques officiers cypays qui auroient vieilli dans le service ; mais dans ce seul cas, 2000 l. doivent suffire.

Fortifications et bâtimens civils , 120,000 liv.

Je prie qu'on fasse attention que je suppose les fortifications entièrement finies, et que les bâtimens qui sont en plafond ou voûtés , exigent peu de réparation.

Néanmoins , pour entretien ; je porte 20,000 liv. au lieu de 120,000 liv.

Travaux de l'artillerie, 50,000 liv.

L'artillerie une fois mise en état, n'exige pas de dépense en temps de paix. Je porte pourtant cet article à 5000 liv. au lieu de 50,000 liv.

Travaux de la voierie, 30,000 liv. Je ne peux regarder cet article que comme un double emploi. Néanmoins je passe 2000 l.

Dépenses de Chandernagor et dépendances, 250,000 liv.

La garde de Chandernagor ne doit consister qu'en ce qui est nécessaire pour soutenir la police. Une douzaine de soldats et 50 cypays seront suffisans. Sans connoître cette place, je présume que ce seroit assez d'accorder 120,000 liv. Les dépenses que les armateurs françois pourront y faire seront pour leur compte.

Les petits comptoirs qui en dépendent n'exigeront qu'un gardien qui recevra les François qui se présenteront. La liberté du commerce débarrasse l'état des dépenses qu'une compagnie exclusive ayant la souveraineté, faisoit pour ces loges.

Ainsi, en payant, pour les divers gardiens de ces petits comptoirs, 600 liv., cette somme doit suffire.

KARIKAL, 60,000 liv. Le peu de blancs et de cypays qu'on y entretiendra pour la police, seront fournis par Pondichéry : ainsi 24,000 liv. suffisent au lieu de 60,000.

MAHÉ, 120,000 liv. Point de réduction. Cette place est importante à cause du poivre. Elle donnera la facilité à nos armateurs de s'en procurer. Il faut quelques blancs et cypays, pour entretenir le bon ordre, que quelques Mapelées, qui sont mauvais, pourroient troubler.

YANAON, 12,000 liv. ▬ 6000 liv. suffisent. Le village appartient à la France ; l'agent y fera beaucoup de bénéfices en commissions.

MAZULIPATAM, 6000 liv. Nous n'y avons qu'une petite maison ; il faut demander la permission au gouverneur anglois, pour y aller et pour en sortir. Il suffira d'y avoir un gardien Indien, ainsi qu'à Moka et Calicut, excepté qu'en ce dernier lieu, il faut faire couvrir la loge, de tems en tems, en feuilles de cocotiers; ce qui élève la dépense à environ 1000 liv., parce que le bâtiment est grand.

SURATE, 12,000 liv. Réduit à 10,000 l., de même que Canton. Il convient d'y avoir des agens, pour favoriser les François qui se présenteront.

Les réductions que je propose me peroissent à peu près justes. On m'objectera que je conviens moi-même que je ne connois pas deux ou trois articles : eh ! bien, que l'on se fasse représenter les états de dépense de 1765 à 1772, sous le gouvernement de M. Law. Ils doivent être aux archives de l'ancienne compagnie des Indes, ou dans les bureaux de la marine : on verra que je m'écarte peu des dépenses de ce temps - là. Le service n'en souffroit pas alors; il ne doit pas en souffrir aujourd'hui. Nous serons à peu près dans la même position, si ce n'est l'augmentation de la garnison; mais cette augmentation n'influe en rien sur la plus grande partie des dépenses dont il s'agit.

M. Monneron, plein d'activité et de talens pour le commerce, n'a point voulu, pendant que j'étois dans l'Inde, d'emploi civil ni militaire à Pondichéry ; il lui falloit un champ plus vaste; tantôt il étoit à une côte, tantôt à l'autre : vraisemblablement il n'a pas connoissance de ce qui regarde le civil et le militaire à Pondichéry; il n'a pas dû remarquer en quoi consistent les dépenses de cette colonie; il s'en est rapporté tout uniment à ses commettans ; il a présenté l'état tel qu'il l'a reçu. Quant aux habitans de Pondichéry, il étoit naturel qu'ils n'en demandassent pas la réduction. Mais moi, qui en vois la possibilité, la convenance et la nécessité pour le bien même de la colonie, j'ai cru de mon devoir de la proposer, sauf à autoriser le gouverneur et le commissaire ordonnateur conjointement, à prendre une délibération, suivant les circonstances, pour l'augmentation de quelque dépense; mais ces circonstances doivent être rares en temps de paix.

Voyons maintenant quel est le revenu annuel de Pondichéry et dépendances.

Le revenu de Pondichéry et de Karikal, lorsque j'ai quitté l'Inde, valoit environ 150,000 liv.

Mais par le dernier traité de paix, les Anglois nous ayant rendu Villenour et Bahour, attenant aux possessions de Pondichéry, et à Karikal, quatre districts, je crois qu'on peut porter le tout à . . . . 1,500,000 l.

Yanaon. 12,000

La monnoie, la douane, les droits d'entrée par terre, la ferme du tabac et du betel, le produit des concessions des diverses plantations à Pondichéry, à Karikal, peuvent être estimés. 150,000

Chandernagor, suivant une personne instruite, qui y a resté long-temps, doit produire, par la vente de l'opium, du salpêtre, &c. 300,000

Total. 1,962,000

Les dépenses de tous nos établissemens ne seroient que de 1,449,004

Ainsi, le revenu des colonies excéderoit leurs dépenses de . . . . 512,996 l.

Supposé que le produit de Chandernagor ne soit pas si fort qu'on me l'a dit, supposé encore qu'un des articles de Pondichéry produise moins, toutes ces différences ne pourroient pas monter à 500,000 liv. Ainsi le revenu suffira toujours pour payer les dépenses.

Il est donc évident que, sans avoir besoin, pour Pondichéry, du produit de l'indult sur les marchandises de l'Inde et de la Chine, non plus que des droits payés pour le même commerce, aux fermes générales en France (ce que M. Monneron appelle produit de l'Inde); il est, dis-je, évident que les dépenses de ces colonies seront plus que balancées par leur revenu annuel, susceptible encore d'être augmenté.

Quant aux cinq cens mille livres demandées pour achever les fortifications, on pourroit se dispenser, s'il n'y a pas apparence de guerre, d'y envoyer cette somme ; on la prendroit sur le revenu territorial de l'Inde, et l'on retarderoit d'un an l'envoi des troupes nécessaires pour completter la garnison.

Cette perspective est encourageante sans doute, si, comme je vais le prouver, la garnison que je propose est suffisante pour la défense de la place.

M. Monneron, pages 13 et 14 de son mémoire lu à l'assemblée nationale, « invoque l'autorité de M. de la Lustiere, capitaine » du corps-royal du génie, qui a dirigé en chef les fortifications » de cette ville, et qui est actuellement à Paris ; il invoque éga- » lement l'autorité de M. de Herville, qui est aussi à Paris, et qui » a servi pendant vingt ans aux Indes et commandé l'artillerie » en 1788. Il invoque leur témoignage, pour constater cette vé- » rité, que, dans sa situation actuelle, cette place est infiniment » plus en état de soutenir un siége qu'en 1778, époque à laquelle » elle n'a capitulé qu'après six semaines de tranchée ouverte, » quoiqu'elle n'eût que 700 hommes européens destinés à la dé- » fendre.

Ces autorités sont sûrement les meilleures qu'on puisse citer.

Page 16 du même mémoire, M. Monneron dit, « qu'en 1778, » sous M. de Bellecombe, cette place (Pondichéry) n'a succombé » que parce qu'elle manquoit de munitions pour continuer sa » défense ».

Ainsi, M. Monneron même fournit la preuve évidente, que Pondichéry, avec la garnison que je propose de 800 soldats, 200 d'artillerie, 1200 cypays, des munitions, des vivres, et les fortifications achevées, fera la même résistance qu'aucune autre place du monde, puisque, comme on vient de le lire, il n'a succombé, avec moins de fortifications, sous M. de Bellecombe, qui n'avoit que 700 Européens, qu'après six semaines de tranchée ouverte, et parce que les munitions manquèrent pour continuer sa défense.

Mais mon avis particulier est que la garnison que je propose pourroit du moins résister assez pour attendre des secours de l'Isle-de-France, et sur-tout de Tipou, qui a le plus grand intérêt à soutenir nos établissemens ; que cette garnison suffiroit pour nous attirer de tous les princes du pays la considération nécessaire, pour que les négocians françois fussent reçus et traités dans leurs états, comme ceux des autres nations européennes ; enfin que, relativement au profit que peut donner le commerce de l'Inde, et à l'économie que l'assemblée nationale observe en tout, elle ne peut faire davantage en faveur de Pondichéry. D'ailleurs la garnison que je propose est dans une juste proportion entre les Européens et les Cypays. Ceci demande une explication et des exemples.

Pour qu'une armée, ou une garnison soient bien composées dans l'Inde, il faut que le commandant puisse contenir les différentes troupes, les unes par les autres ; aucun homme bien instruit ne contestera cette vérité.

Si les soldats veulent se révolter, l'état-major, avec plusieurs bas-officiers, qui presque toujours entraînent quelques soldats, se mettront à la tête des cypays, qui doivent être au moins en raison de trois contre un ; alors la partie leur paroissant douteuse, ils rentreront dans leur devoir. Il y en a eu des exemples...... Lorsque les cypays ne sont pas en nombre suffisant, le soldat peut faire ce qu'il veut. En 1765, pendant que M. Law étoit à Chandernagor, un sergent, aujourd'hui très-connu, déserta de Pondichéry, en plein jour, emmenant avec lui soixante des meilleurs soldats. On ne fit pas courir après, parce qu'on n'avoit alors que 100 cypays, qu'on ne pouvoit éloigner du reste des soldats ; on fut alors forcé d'augmenter le nombre des cypays.

Si les Anglois ont, comme dit M. Monneron, environ 18000 soldats Européens, ils doivent avoir et ils ont effectivement environ 70 à 80,000 cypays, quoiqu'ils n'aient pas le même besoin que nous de surveiller leurs soldats, parce qu'ils n'ont pas le même desir de déserter.

Si les Cypays veulent se révoltet, les Européens, dans ce
nombre

nombre proposé , les contiendront d'autant plus facilement, qu'on aura pris les précautions qui sont en usage ailleurs que chez les François, pous s'assurer de leur obéissance. Ces précautions sont de ne jamais donner à un capitaine que le commandement d'une compagnie ; de ne point faire de retenue sur la paye , de ne gêner personne dans l'exercice de sa religion. Quand on charge un capitaine de quelque expédition , s'il a un frère ou un parent, on les retient ou on les envoie d'un autre côté ; on garde même leurs femmes et enfans qu'on fait surveiller ; on exige une caution, etc. C'est ainsi qu'en usoit Hyderalikan , lorsque j'étois à son armée , et c'est ainsi sans doute qu'en usent les Anglois , et nous, pour n'avoir jamais pris ces précautions , nous avons perdu , à ma connoissance, deux forts qu'il a fallu ensuite aller attaquer , avec une armée, et nous avons eu le dessous en plusieurs combats. J'en ferois le récit , si je ne craignois d'être trop long.

La garnison que je propose est dans une juste proportion , parce que , en cas de besoin , tous les habitans en état de porter les armes , se réuniroient à l'état-major et aux cypays , par l'ordre du gouverneur ; ce qui produiroit une force suffisante. Mais dans l'hypothèse de M. Monneron, il faudroit 6000 cypays avec les habitans , pour contenir 2600 soldats , 200 caffres , et par conséquent dépenser , tous les ans , près de 4 à 5 millions de plus que le revenu de la colonie ; car il faut nécessairement à Pondichéry, que les soldats soient contenus par la crainte , pour les empêcher de déserter. On ne sauroit se figurer combien ils le desirent dans une ville où ils entendent sans cesse dire que des déserteurs françois sont devenus des commandans très-riches ; que les simples soldats ont 60 liv. par mois ; que chacun a son bœuf, sa tente, & une fille qui lui tient lieu de femme, et qui fait, de temps en temps, quelque butin.

Je dois aussi observer que la demande de M. Monneron , de 200 caffres , ne me paroît pas réfléchie ; ils coûteroient cent mille écus ; il faudroit remplacer ceux qui mourroient, ceux qui déserteroient. Eh ! laissons les esclaves où l'on a coutume de les employer, où l'on dit qu'on ne peut s'en passer. Cet infâme commerce n'est déjà que trop étendu. Des soldats ne coûteroient pas plus. D'ailleurs, des cypays bien traités, bien choisis, des rajepoutes, des patanes, valent presque autant que des caffres derrière des ramparts, et quand ils meurent, leur remplacement ne coûte rien. S'ils sont pris, on les renvoie ; si l'on prend des caffres, on les garde, ou ils ne reviennent pas : ils profitent de l'occasion, ils se rendent libres.

M. Beylié, autre député de Pondichéry, qui a servi trente ans dans l'Inde, avec distinction, et qui va être fait maréchal de camp, a sans doute beaucoup de connoissance ; mais il n'a pas signé le mémoire de M. Monneron.

Il résulte de ce que dessus, qu'à tous égards, la formation de la garnison de Pondichéry, suivant l'idée de M. Monneron, n'est pas convenable ; que les dépenses des Colonies sont grandement exagérées, et leur produit considérablement rabaissé ; et au contraire, que la garnison que je propose a les trois avantages de suffire à la défense de la place pour attendre des secours ; d'être dans une juste proportion avec les cypays, et de pouvoir nonseulement être entretenu par le seul revenu de nos Colonies, mais encore de pouvoir, tous les ans, mettre une certaine somme en caisse, sans compter l'augmentation territoriale.

Il résulte que si, après vingt-cinq ans de paix, Pondichéry étoit pris, ayant toujours eu la garnison que M. Monneron propose, il en coûteroit à l'état environ 100 millions (je suppose toujours que les cypays seroient au nombre de 6000), et cette garnison ne préserveroit pas toujours de la perte de Pondichéry, s'il n'étoit pas secouru ; il seroit bloqué tant que la guerre dureroit, et il se rendroit enfin par famine. Au lieu que dans mon hypothèse, la garnison est assez forte pour attendre du secours, et que si, enfin, Pondichéry étoit pris, il n'en coûteroit à l'état que deux à trois millions en canons, en munitions, et que cette perte seroit même compensée par l'argent qui se trouveroit en caisse , ou qui auroit été employé à augmenter promptement le nombre des cypays, ou à approvisionner davantage la place, en cas de nouvelle de guerre.

Enfin il résulte , je crois, des éclaircissemens que j'ai donnés, que l'assemblée nationale voit à présent la vérité , qu'elle peut décider le sort de Pondichéry , sans avoir besoin d'attendre l'arrivée des députés de l'Isle-de-France.

En conséquence, si au lieu. d'être suppléant, j'avois l'hon-nneur d'être député , je proposerois à l'assemblée nationale le décret suivant.

L'assemblée nationale désirant assurer à ses colonies des Indes orientales la protection qu'elle doit à tous les sujets de la monarchie françoise , a décrété et décrete ce qui suit :

Article premier.

Les dépenses des colonies des Indes orientales seront payées par le produit de leur revenu ; l'excédent du revenu jusqu'à la concurrence de cinq cent mille livres, sera employé à achever les fortifications de Pondichéry.

I I.

Les fortifications de la ville de Pondichéry étant achevées , il y sera entretenu pour sa défense ,

800 Soldats.
200 Soldats d'artillerie.
1200 Cypays.

I I I.

Il y sera entretenu une artillerie et les munitions nécessaires pour sa défense.

I V.

Les dépenses fixes des colonies des Indes orientales seront réglées par le pouvoir exécutif, sur les observations des comités, qui se feront représenter les états de dépenses de 1765 à 1772.

V.

L'état des dépenses de chaque mois sera arrêté et signé par le gouverneur et le commissaire ordonnateur, conjointement.

V I.

En cas de nécessité de l'augmentation de quelque dépense, il sera pris, à cet effet, une délibération par le gouverneur et le commissaire ordonnateur.

Paris, ce 18 Janvier 1791.

Signé CHARLES MALLET (DE MAISONPRÉ),
Député-Suppléant de Pondichéry.

MÉMOIRE

*Sur le moyen d'augmenter le produit du revenu territorial des François,
à la côte de Coromandel.*

LA guerre a ruiné tous les colons de la côte de Coromandel en a fait périr de faim un grand nombre : quelques-uns ont passé et sont restés chez les *Palléagars*, chefs qui habitent les bois et les montagnes, et sur les terres de Tipou. Les possessions de Pondichéry et de Karikal, ont sans doute beaucoup participé à ce désastre. Je propose un moyen que je crois sûr, non-seulement de repeupler les villages, comme ils l'étoient avant les troubles, mais encore d'en doubler la population, d'y attirer un grand nombre de tisserands, d'y rendre pour toujours tous les habitans aussi heureux qu'ils peuvent l'être, et en même temps d'en augmenter beaucoup le produit.

Je dois commencer par faire connoître la manière dont on gère les fermes ; l'on sentira mieux combien le moyen que je propose est préférable.

Les terres sont divisées par *paraganés*, ou districts. Il y en a de grands et de petits. Ils ont chacun leurs principaux habitans qu'on nomme *natars*, et qui sont en possession des meilleurs terreins. Chaque gros village a son écrivain *sambradi*, il a une concession sans redevance, qu'on appelle *manium*. Il est obligé à tenir tous les comptes en règle, et par date ; on y a recours, et ils font foi lorsqu'un laboureur prétend avoir payé plus que le fermier n'avoue. Ce fermier se nomme *avaldar*. Lorsqu'il n'est pas suffisamment cautionné, et que l'on craint qu'il ne détourne les deniers, on lui adjoint un receveur *tacildar*, auquel les habitans payent, et il fait lui-même passer ses recettes au *cerkav*, c'est-à-dire, au gouvernement. Les collecteurs se nomment *matadis*. Il y a un *nainar*, c'est un grand-prévôt qui, autrefois répondoit des vols et entretenoit pour cela des pions. Il avoit jusqu'à 5 à 6 pour 100 sur les récoltes : ce droit s'appelle *résum*. Aujourd'hui ces *nainars* sont inutiles auprès des principales places. Dans chaque grand village il y a une pagode et des brames qui la déservent. Certains terreins sont affectés à leur entretien. Quand le seigneur, ou quelque chef en crédit, passe dans un gros village, le fermier, pour lui faire sa cour, rassemble les habitans, se met à leur tête et va le saluer. Il lui fait un présent considérable en argent. Ce présent est ensuite remboursé au fermier par tous les laboureurs, à proportion de leur redevance ; ils contribuent aussi à diverses dépenses qui quelque fois sont déplacées ; tout cela se met dans un compte particulier qu'on nomme *chadelvar*. Les habitans craignent toujours ce compte.

Il y a différentes sortes de terreins à riz. C'est cette production qui fait la principale richesse de la côte. Les bons terreins sont ceux qui, étant gras, sont arrosés naturellement et à volonté par des rivières ou canaux ; d'autres par des étangs et des puits. Les premiers doivent ordinairement au seigneur 60 mesures sur 100 ;

les seconds, 50 mesures, et les derniers 30 mesures. Cette règle a été faite par un ancien nabab d'Arcate, fort juste et très-intelligent. Les terreins secs sont de différente qualité ; les bons produisent des espèces de poids, de l'indigo et du coton. Les plus mauvais sont ensemencés en coulou, grain que l'on donne aux chevaux, et qui ressemble à la lentille. On paie en argent, pour ces terreins secs, de bonne terre, environ 2 pagodes par *canis*, ou 50 toises quarrées ; une roupie, et moins, pour les plus arides. Les anciens comptes conservés par les écrivains doivent servir de règle. Quoiqu'il soit d'usage que les terreins à riz paient en nature, souvent le laboureur convient en argent avec le fermier ; mais celui-ci ne peut forcer à cet arrangement : suivant la coutume, il doit être de gré à gré. Il a souvent lieu, parce que le laboureur espère, quoique souvent trompé, que quelque abondante que soit la récolte, il ne paiera que conformément à la convention qu'on appelle *caoul*. Les laboureurs ne commencent point les travaux ; ils s'éloignent même de leur demeure, jusqu'à ce qu'ils soient assurés d'un *caoul* juste, soit en nature, soit en argent. Mais au temps de la récolte, un fermier avide, qui ne considère que le moment, qui a pris des précautions pour que les plaintes contre lui ne parviennent pas au gouverneur, ou qui a su lui boucher les oreilles, n'a plus égard à son caoul ; il exige au-delà ; il prend des pions, et s'en sert pour faire violence ; il ose même ravir le terrein d'un laboureur qui en est en possession de père en fils ; il intimide ainsi les autres colons, pour en tirer le plus qu'il peut : tous sont vexés ; quelques-uns vont ailleurs chercher à vivre, et la ferme n'est plus du même produit, faute de bras.

Il y a, dans les chefs-lieux de district, un droit de péage qu'on nomme *joncan*. Quand un fermier veut en tirer plus que l'usage ne permet, il éloigne les marchands.

Il tire environ une pagode de chaque maison de tisserand, et souvent beaucoup plus : alors ils s'éloignent, emportant aisément leurs métiers sur leurs épaules ; ils n'ont point de terres labourables.

Lorsqu'une ferme est à sa fin, les Natars, ou principaux habitans, cherchent à l'obtenir. Au premier apperçu, il sembleroit que ce seroit l'avantage général; il est cependant vrai qu'ils sont ordinairement plus tirans qu'un étranger. Les laboureurs les craignent plus, parce que les Indiens étant tous vindicatifs pour cause d'intérêt, les Natars n'oublieroient jamais le refus d'un pauvre hebitant, de se conformer à leur volonté, quoiqu'injuste; au lieu que cet habitant n'a plus rien à craindre d'un fermier étranger lorsque sa ferme est finie. D'ailleurs, lorsque c'est un étranger qui est fermier, les Natars se mettent à la tête de tous les colons, et parviennent quelquefois à faire entendre leurs plaintes lorsqu'ils sont vexés. Il n'en est pas ainsi quand les Natars eux-mêmes sont fermiers.

La régie seroit sans doute préférable aux fermes; le régisseur feroit des avances, en bœufs, aux habitans. Ces avances se retirent sur les récoltes; mais il seroit aussi difficile de trouver un bon régisseur qu'un bon fermier.

On a vu, par l'exposé ci-dessus, qu'il y a plusieurs Indiens employés à la régie; ils ont tous une concession ou des gages, et sans doute les fermiers font toujours quelques fausses dépenses et des présens considérables pour obtenir la ferme : il faut ensuite qu'ils fassent du bénéfice, qu'ils paient l'intérêt de l'argent qu'ils ont emprunté pour faire des présens d'avance : tout cela est autant de perte pour le souverain, et les habitans sont toujours opprimés; le pays ne se peuple point. Sans rappeller toutes les fripponneries dont j'ai eu connoissance, et que l'abbé Raynal n'a pas oubliées dans son Histoire philosophique, je dirai seulement que de six millions de revenu annuel à Pondichéry, en 1756 et 1757, la compagnie n'en a pas eu trois. *Schéringam*, que les Anglois, depuis, ont affermé sept laks, n'a rendu qu'environ deux laks, quoiqu'affermé six.

Vardachelom, affermé 80 mille roupies, n'en a rendu que trente. Il seroit donc bien avantageux de trouver un autre moyen que les fermes, de tirer le meilleur parti possible de nos possessions, en rendant en même temps tout le peuple aussi heureux qu'il peut l'être, sans qu'on puisse jamais troubler son bonheur. Ce moyen est bien sensible, et facile dans un aussi *petit espace que celui que la France possede maintenant et si proche de ses principales places.*

« C'est de concéder à chaque traitant, par un acte dans la
» forme usitée parmi nous, le terrein dont il est en possession,
» à la charge d'une rente de tant de mesures de riz, ou de telle
» somme d'argent, réglées suivant les anciens usages et la nature
» de chaque terrein ; de concéder pareillement tous les terreins
» incultes à ceux qui en demanderoient, à une redevance mo-
» dérée. On feroit mention, dans chaque acte d'arrentement, du
» droit que chaque arrentataire auroit aux eaux des environs. Par
» ce moyen, il n'y auroit plus de procès ni de disputes ».

Ce plan seroit, sans contredit, convenable au souverain et aux sujets. Des administrateurs ne pourroient plus s'approprier les revenus. C'est sur ce pied-là qu'en 1766, j'engageai le conseil à concéder plusieurs mauvais terreins incultes aux portes de Pondichéry, à condition d'y faire des jardins. Ces terreins sur lesquels les fermiers n'avoient pas d'inspection, furent les mieux cultivés, produisirent bientôt une grande quantité de fruits dont la colonie manquoit auparavant.

Un collecteur dans chaque district suffiroit pour faire le recouvrement. Il donneroit son reçu à chaque laboureur, et l'écrivain de l'*aldée* ou village, l'inscriroit sur un registre destiné pour cela, afin d'éviter tout mécompte.

On ne craindroit plus des fermiers qui tantôt demandent en nature, et tantôt en argent, et toujours plus qu'il ne leur revient. On travailleroit avec une ardeur incroyable, assuré qu'on ne seroit jamais forcé à payer au-delà de la rente fixe par l'acte de concession, dont chaque laboureur auroit une expédition dans sa langue et dans la nôtre. Cette assurance d'être toujours à l'abri de vexations, de quelque genre que ce soit, feroit trouver aux habitans des avances à titre d'emprunt, pour aller au loin chercher des bœufs, dont la côte doit être entièrement dé-
pourvue.

pourvue. Bientôt nombre d'Indiens viendroient des montagnes et des bois, des terres des Anglois et de Tipou. Tous s'empresse-seroient à avoir des terreins sous un tel gouvernement; la po-pulation doubleroit. On préféreroit les tisserands pour les ter-reins abandonnés ou anciennement incultes. On n'exigeroit ja-mais d'eux qu'une demie-roupie par an.

L'écrivain de l'*aldée* percevroit le droit de péage ou de *joncan* ; il conserveroit son ancienne concession ; les autres seroient arrentés à ceux qui les occuperoient. On laisseroit un revenu convenable aux pagodes. Lorsqu'il faudroit raccommoder des étangs, tous les intéressés se cotiseroient suivant l'usage : je le répete, le revenu augmenteroit considérablement, et le cultiva-teur seroit si **content**, qu'il seroit difficile de lui persuader que cet arrangement dureroit. Oui, les Indiens mettroient au rang des dieux celui qui leur porteroit ce réglement. Cet acte de bienfaisance envers les Indiens, & l'avantage qui en résulteroit pour notre colonie, me paroissent bien mériter l'attention de l'assemblée nationale.

Signé C H A R L E S M A L L E T (DE MAISONPRÉ).

De l'Imprimerie de la FEUILLE DU JOUR, rue de Bondi, N°. 74, à côté de l'Opéra. 1791.

www.ingramcontent.com/pod-product-compliance
Lightning Source LLC
Chambersburg PA
CBHW061808060726
47597CB00007B/3163